SQL Für Anfänger

Der schnelle Einstieg

von

Florian Dedov

Selbstverlag: Florian Dedov, Wien

1. Auflage

ASIN E-Book: B07B9FVDDF

ISBN-10 Paperback: 198049682X

ISBN-13 Paperback: 978-1980496823

INHALTSVERZEICHNIS

Einleitung

1 – Was ist SQL?

2 – Relationale Datenbanksysteme

3 – Datentypen

4 – Operatoren

5 – Datenbanken verwalten

6 – Tabellen verwalten

7 – Insert Query

8 – Select Query

9 – Datensätze manipulieren

10 – Sortieren und Gruppieren

11 – Tabellen verbinden

12 – Joins

13 – Unions

14 – Index

Wie geht es weiter?

Einleitung

Egal welche elektronischen Geräte Sie heute benutzen, die Wahrscheinlichkeit ist außerordentlich hoch, dass diese, in irgendeiner Form, mit Datenbanken kommunizieren. In unserer modernen Zeit nimmt die Menge an Daten exponentiell zu und es wird immer schwieriger diese zu verarbeiten. Für die strukturierte und effiziente Verarbeitung von Daten sind Datenbanken unverzichtbar. Um jedoch mit diesen zu arbeiten, benötigen wir SQL.

In diesem Buch werden Ihnen die fundamentalen Grundkenntnisse von SQL nähergebracht. Dabei werden keine Vorkenntnisse im Bereich der Datenbanken oder der Informatik im Allgemeinen benötigt. Dieses Buch richtet sich an absolute Einsteiger, also wird alles von der Pike auf gelernt.

Nachdem Sie dieses Buch gelesen haben und das Gelernte auch nebenbei angewandt haben, werden Sie in der Lage sein, grundlegende Konzepte der Datenbanken zu verstehen und diese in SQL anzuwenden.

Sie sollten dieses Buch nicht nur schnell durchlesen und versuchen oberflächlich zu verstehen worum es geht, sondern auch aktiv nebenbei mitarbeiten. Dadurch lernen Sie am meisten und das Wissen wird gefestigt. In den folgenden Kapiteln werden Sie zahlreiche Codebeispiele finden, die Sie nachprogrammieren können. Sie können jedoch auch Ihren eigenen Code schreiben, mithilfe der Dinge die Sie bereits gelernt haben, zu dem Zeitpunkt.

Falls Sie nach dem Lesen dieses Buches, der Meinung sind, dass es positiv zu Ihrer Programmierkarriere beigetragen hat, würde es mich sehr freuen, wenn Sie eine Rezension auf Amazon hinterlassen. Danke!

1 – Was ist SQL?

SQL steht für *Structured Query Language,* was übersetzt *Strukturierte Abfragesprache* bedeutet. Es ist eine Datenbank Computersprache, welche für das Empfangen und Verwalten, von Daten in relationalen Datenbanksystemen, konzipiert wurde. Sie wird benutzt um Abfragen und Manipulationen, auf Datenbanken, durchzuführen. Des Weiteren ist SQL die Standardsprache für *Relationale Datenbanksysteme*, welche wir im nächsten Kapitel näher beleuchten werden. Diverseste Systeme wie MySQL, Microsoft Access, Oracle, Postgres, MS-SQL und mehr, benutzen SQL als ihre Standardsprache. Außerdem werden auch oft leichte Abwandlungen von SQL benutzt wie zum Beispiel PL/SQL oder T-SQL.

Warum SQL?

SQL ist nicht umsonst mit großem Abstand die beliebteste Datenbanksprache weltweit. Seine Popularität kann vielen Vorteilen zugesprochen werden. Die Grundfunktionalitäten von SQL sind folgende:

- Zugriff auf Daten in relationalen Datenbanken
- Definieren und Manipulieren von Daten
- Erstellen und Löschen von Datenbanken
- Erstellen und Löschen von Tabellen
- Erstellen und Benutzen von Views

- Zugriffsberechtigungen auf Tabellen und Views

WIE FUNKTIONIERT SQL?

Damit Sie auf Ihre Daten so schnell wie möglich zugreifen können, optimiert das Datenbanksystem ihre Abfrage, sodass Sie auf dem schnellstmöglichen Weg ausgeführt wird.

Folgende Grafik veranschaulicht den Prozess:

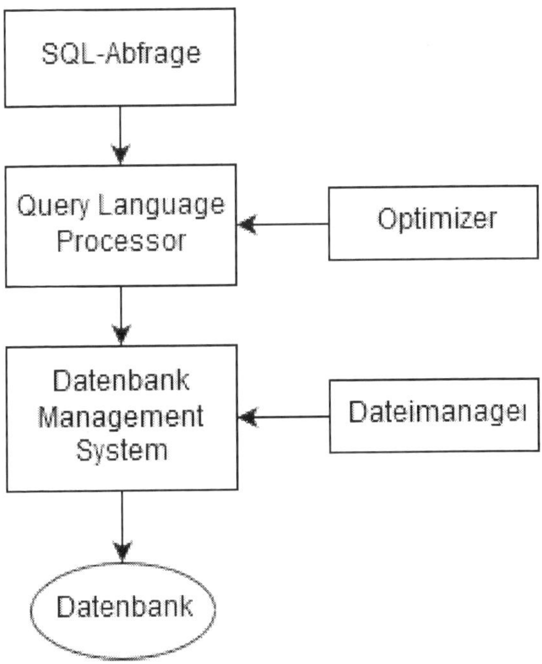

2 – Relationale Datenbanksysteme

Relationale Datenbank Management Systeme (kurz RDBMS), sind die Basis für alle SQL-basierenden Datenbanken, und werden somit auch von IBM, Oracle, MySQL, Microsoft und vielen mehr verwendet. Ein RDBMS ist ein Datenbanksystem, welches auf dem relationalen Model basiert.

Was ist eine Tabelle?

Die Datensätze in einer relationalen Datenbank, liegen alle in sogenannten Tabellen. Diese sind im Grunde genommen, Sammlungen von Daten mit denselben Attributen. Jeder Datensatz befindet sich in einer eigenen Zeile (Row). Die Werte der jeweiligen Attribute, welche den einzelnen Datensätzen zugeordnet werden, sind in den jeweiligen Spalten (Columns) eingetragen.

Im folgenden Beispiel sehen Sie eine Mustertabelle, für die simple Datenerfassung verschiedener Personen:

SV-Nr	Name	Geb. Datum	Groesse
12345	Peter Hof	17.02.1978	174
26543	Arnold Breit	18.05.1966	188
31213	Max Muster	07.11.1977	180

Jeder Datensatz (in diesem Fall jede Person), entspricht einer Zeile in der Tabelle. Die Spalten stellen die sogenannten Attribute dar. Jede Person hat alle diese Attribute (muss nicht immer mit Werten befüllt sein) und die Werte dieser sind in sogenannten Feldern eingetragen. Wenn die Datenbankstruktur es zulässt, dass gewisse Felder leer bleiben, ist es möglich einen sogenannten, NULL-Value einzutragen.

NULL-VALUES

Ein Null-Value ist nicht zu verwechseln mit der Zahl Null, oder einem leeren Text. Wenn ein Feld ein Null-Value beinhält, dann sagt das aus, dass kein Wert vorhanden ist. Dementsprechend, könnte auf der Programmebene eine Fehlermeldung ausgegeben werden, falls versucht wird diese nicht vorhandenen Werte zu verarbeiten.

PRIMÄRSCHLÜSSEL

Der Primärschlüssel einer Tabelle ist die Spalte, welche den Datensatz eindeutig, also unverwechselbar identifiziert. Es muss also ein Attribut sein, welches nicht doppelt vorkommen darf. Des Weiteren darf der Wert in diesem Feld niemals NULL sein, da er ja den Datensatz identifiziert. Ein Beispiel wäre zum Beispiel die Sozialversicherungsnummer zum identifizieren einer Person. Diese ist nämlich eindeutig und jeder Bürger besitzt eine. Das Alter einer Person wäre nicht gut als Primärschlüssel geeignet, da es zahlreiche Menschen gibt die sich, zum Beispiel im 25. Lebensjahr befinden.

Datenintegrität

Integrität ist, zusammen mit Verfügbarkeit und Vertraulichkeit, eines der klassischen Ziele der Informationssicherheit. Die vier Säulen der Integrität sind:

- Korrekter Inhalt
- Unveränderter Zustand
- Erkennung von Modifikationen
- Temporäre Korrektheit

Folgende Kategorien für Datenintegrität gibt es für relationale Datenbanksysteme:

Entitätsintegrität bedeutet, dass keine redundanten bzw. doppelten Einträge in einer Tabelle existieren.

Domänenintegrität bedeutet, dass alle Einträge in den Feldern, gültig sind, je nach Typen und Formatvorschriften.

Referenzielle Integrität bedeutet, dass keine Zeilen gelöscht werden können, welche von anderen Datensätzen benutzt werden (also auf welche referenziert wird).

Benutzerdefinierte Integrität ist jene Integrität, welche sich aus den personalisierten Business-Rules des Benutzers zusammensetzt.

ACID-Prinzip

Das ACID-Prinzip ist eine Ansammlung von erwünschten Eigenschaften von, vor allem, relationalen Datenbanksystemen. ACID ist ein Wortspiel, da es auf Englisch Säure heißt. Die Abkürzung steht jedoch für ***A**tomicity* ***C**onsistency* ***I**solation* ***D**urability.*

Atomarität bedeutet, dass bei einer Transaktion zwischen zwei oder mehreren Informationsstelle, entweder alle Teile ausgeführt werden oder keines.

Zum Beispiel geht es nicht, dass eine Person einer anderen Geld überweist (sprich die Person das Geld abgezogen bekommt), die andere Person dieses jedoch nie erhält.

Konsistenz bedeutet, dass nach einer ausgeführten Sequenz von Operationen, nach wie vor, einen konsistenten (in sich stimmigen) Datenzustand hat.

Zum Beispiel wäre es inkonsistent, wenn die Überweisung zwischen zwei Personen zwar erfolgreich ist, aber ein falscher Betrag oder ein falscher Empfänger, protokolliert wurde.

Isolation verhindert, dass parallel ausgeführte Operationen auf Daten sich gegenseitig beeinflussen.

Es ist zum Beispiel nicht erlaubt, dass mehrere Überweisungen vom selben Konto, zum selben Konto, zur selben Zeit passieren. Für so etwas gibt es zum Beispiel Warteschlangen.

Dauerhaftigkeit bedeutet, dass Operationen auf Daten dauerhaft auf dem Datenträger gesichert sind.

Es soll zum Beispiel nach zehn Jahren immer noch nachvollziehbar sein, dass eine Person, einer anderen einen gewissen Betrag überwiesen hat.

Normalisierung

Die Normalisierung von Datenbanken ist der Prozess, der effizienten Organisation von Daten in einer Datenbank. Das ist zum einen notwendig, um redundante Datensätze zu eliminieren und zum anderen, um zu gewährleisten, dass die Abhängigkeiten sinnvoll sind.

Diese beiden Ziele sind sinnvoll, um den benötigten Speicherplatz in der Datenbank zu reduzieren und um eine logische Datenbankstruktur zu gewährleisten.

Für die Normalisierung von Datenbanken gibt es die sogenannten Normalformen. Jede Normalform erweitert die vorherige um Eigenschaften, welche die Struktur effizienter machen.

Erste Normalform

Die **erste Normalform** (**1NF**) beinhaltet die grundlegenden Regeln für eine effizient strukturierte Datenbank. Sie ist dann erfüllt, wenn jegliche

Attribute nur einfache (also atomare) Attributwerte beinhalten.

Name	**Adresse**
Peter Haus	Hausstraße 34/8/2
Max Muster	Musterstraße 22/7/7

Diese Tabelle erfüllt nicht die erste Normalform, da in einer Spalte, mehrere Attributwertebereiche enthalten sind. So enthält das Attribut Name zugleich den Vor- und den Nachnamen und das Feld Adresse hat auch aufteilbare Informationen. Folgende Tabelle würde die erste Normalform erfüllen:

Vorname	**Nachname**	**Straße**	**Hausnr.**	**Stiege**	**Tür**
Peter	Haus	Hausstr.	34	8	2
Max	Muster	Musterstr.	22	7	7

Diese Tabelle erfüllt die erste Normalform, da die Daten nicht noch weiter aufgeteilt werden können, oder anders gesagt: Atomarer geht es nicht. Wenn eine Person mehrere Adressen haben sollte, so muss für jeden Wohnort ein eigener Datensatz angelegt werden, damit die erste Normalform erfüllt ist.

Zweite Normalform

Die **zweite Normalform** (**2NF**) ist dann erfüllt, wenn die erste Normalform erfüllt ist und zusätzlich jedes Nicht-Schlüssel-Attribut vom gesamten Primärschlüssel voll funktional abhängig ist, also nicht nur von einzelnen Schlüsselteilen.

Die zweite Normalform kann nur dann verletzt werden, wenn der Primärschlüssel aus mehreren Feldern besteht und Teile des Datensatzes nur von einem der beiden Felder abhängig sind.

MitarbeiterNr	AbteilungsNr	Nachname	Vorstand
3412	4	Mustermann	Steiner
6472	3	Musterfrau	Holzer

Diese Tabelle erfüllt die zweite Normalform nicht, da das Feld Nachname nur von dem Feld MitarbeiterNr abhängig ist (welches nur ein Teil des Primärschlüssels ist) und das Feld Vorstand auch nur von dem Feld AbteilungsNr abhängig ist.

Die Lösung hier ist es, die Datensätze in zwei Tabellen aufzuteilen, wie im Folgenden:

Tabelle [Mitarbeiter]

MitarbeiterNr	Nachname
3412	Mustermann
6472	Musterfrau

Tabelle [Abteilungen]

AbteilungsNr	Vorstand
4	Steiner
3	Holzer

Dritte Normalform

Die **dritte Normalform** (**3NF**) ist dann erfüllt, wenn die zweite Normalform erfüllt ist und es keine Abhängigkeiten zwischen Nicht-Schlüssel-Attributen gibt.

Um die dritte Normalform zu veranschaulichen, schauen wir uns das fast idente Beispiel an, nur dass hier die Abteilungsnummer kein Teil des Primärschlüssels ist.

MitarbeiterNr	Nachname	AbteilungsNr	Vorstand
3412	4	Mustermann	Steiner
6472	3	Musterfrau	Holzer

In diesem Beispiel sind die erste und die zweite Normalform erfüllt, da die Daten so atomar wie möglich sind und gleichzeitig kein Element nur von einem Teil des Primärschlüssels abhängt. Die dritte Normalform ist jedoch nicht erfüllt, weil der Vorstand der Abteilung von der Abteilungsnummer abhängt, welche kein Schlüssel ist. Auch hier ist die Lösung wieder das Ganze in zwei Tabellen aufzuteilen wie in dem vorherigen Beispiel.

Datenbankanbieter

Es gibt zahlreiche Anbieter von Datenbanken. In diesem Abschnitt möchte ich Ihnen die, für Anfänger, relevantesten näherbringen.

MySQL

MySQL ist eine Open-Source Datenbank, welche in zahlreichen Projekten benutzt wird. Sie ist zum Beispiel standardmäßig in phpMyAdmin installiert und in nahezu jeder anderen Open-Source Anwendung, welche mit relationalen Datenbanken arbeitet. MySQL bietet eine hohe Performance, Verfügbarkeit, Flexibilität und Erweiterbarkeit. Außerdem ist die Datenbank leicht zu verwalten und hat eine hohe Datensicherheit.

MS SQL Server

Microsofts SQL Server ist eine sehr oft, im professionellen Bereich, benutzte Datenbank. Sie glänzt ähnlich wie MySQL durch hohe Performance und Verfügbarkeit, jedoch hat sie einige Zusatzfeatures, welche die Open-Source Variante nicht aufweist. Dazu gehört zum Beispiel die Integration von XML, als auch Funktionen wie Database Mirroring, welche den Rahmen dieses Buches sprengen würden. Kurzgesagt, ist MS SQL Server eher für die Enterprise Schiene gedacht, da man hier mit hohen Lizenzkosten rechnen muss.

Oracle

Auch die Oracle Datenbank ist im Enterprise-Bereich am Markt sehr stark vertreten. Das Oracle Datenbanksystem ist sehr große und für mehrere Benutzer ausgelegt. Oracle punktet sehr mit seiner Konsistenz, aber auch mit seinem breiten Spektrum an Funktionen. Stichwörter sind hier: Partitionierung, Locking Mechanismen, Bitmap Indizes und vieles mehr. Da sich dieses Buch jedoch nur an Anfänger richtet, würden diese Themen ebenfalls alle samt den Rahmen sprengen.

3 – Datentypen

In Datenbanken, genau wie bei der Programmierung, gibt es Datentypen. Jedes Feld in der Datenbank hat einen solchen Typen. Ein Name ist zum Beispiel von einem anderen Datentyp als eine Ganzzahl. Im Folgenden sehen wir uns die verschiedenen Datentypen an.

Exakte Numerische Datentypen

Datentyp	Beschreibung
INT	Ganzzahl
BIGINT	Sehr große Ganzzahl
SMALLINT	Sehr kleine Ganzzahl
TINYINT	Winzig kleine Ganzzahl
BIT	Entweder 0 oder 1
DECIMAL	Sehr große Dezimalzahl
NUMERIC	Genau wie DECIMAL

Ungefähre Numerische Datentypen

Datentyp	Beschreibung
FLOAT	Gleitkommazahl
REAL	Kleine Gleitkommazahl

Zeichenbasierte Datentypen

Datentyp	Beschreibung
CHAR	Text mit fixer Länge
VARCHAR	Text mit variabler Länge

TEXT	Sehr langer Text
NCHAR	Kleiner Text mit fixer Länge
NVARCHAR	Kleiner Text mit variabler Länge
NTEXT	Kleinere Version von TEXT

Es gibt auch noch weitere Datentypen in SQL. Diese sind jedoch für uns vorerst nicht relevant. Dinge wie XML, Binary oder Bilder, werden wir in diesem Buch nicht näher behandeln. Sie sollten jedoch nun einen groben Überblick, über die einzelnen Datentypen in SQL haben.

4 – Operatoren

Um nun die Werte bestimmter Daten oder Variablen miteinander arbeiten zu lassen, benötigen wir sogenannte Operatoren. Auch diese gibt es in jeder Programmiersprache und sie sind sehr vielfältig. Es gibt arithmetische Operatoren, Vergleichsoperatoren und logische Operatoren in SQL. Wir werden uns im Folgenden die wichtigsten ansehen.

Arithmetische Operatoren

Arithmetische Operatoren		
Operator	**Name**	**Beschreibung**
+	Addition	Addiert zwei Variablen
-	Subtraktion	Subtrahiert eine Variable von der anderen
*	Multiplikation	Multipliziert zwei Variablen
/	Division	Dividiert eine Variable durch die Andere
%	Modulo	Gibt den Rest einer Division von zwei Variablen zurück

Vergleichsoperatoren

Vergleichsoperatoren		
Operator	Name	Beschreibung
==	Gleich	Zwei Variablen sind gleich
!=	Ungleich	Zwei Variablen sind nicht

		gleich
>	Größer	Eine Variable ist größer als die andere
<	Kleiner	Eine Variable ist kleiner als die andere
>=	Größer-Gleich	Eine Variable ist größer oder gleich der anderen
<=	Kleiner-Gleich	Eine Variable ist kleiner oder gleich der anderen
!>	Nicht Größer	Eine Variable ist nicht größer als eine andere
!<	Nicht Kleiner	Eine Variable ist nicht kleiner als eine andere

LOGISCHE OPERATOREN

Logische Operatoren	
Operator	**Beschreibung**
ALL	Vergleicht einen Wert mit allen Werten in einem Datensatz
ANY	Vergleicht einen Wert mit irgendeinem Wert in einem Datensatz
AND	Verknüpft zwei Aussagen mit einem logischen UND
OR	Verknüpft zwei Aussagen mit einem logischen ODER
NOT	Negiert eine Aussage
IS NULL	Prüft ob ein Wert NULL ist
EXISTS	Schaut ob ein Objekt existiert
BETWEEN	Sucht Werte zwischen einem Minimum und Maximum

Nun sollten Sie einen guten Überblick über die Operatoren in SQL haben. Wir werden diese bei Abfragen, Inserts, Updates und mehr anwenden. Im nächsten Kapitel werden wir uns damit beschäftigen, Datenbanken zu erstellen und zu löschen.

5 – DATENBANKEN VERWALTEN

Um prinzipiell mit einer Datenbank arbeiten zu können, müssen wir diese natürlich zunächst erstellen. Dies tun wir mit dem *CREATE DATABASE* Statement.

```
CREATE DATABASE MeineDatenbank;
```

Mit diesem Statement erstellen wir eine neue Datenbank, mit dem Namen *MeineDatenbank*.

Mit dem Befehl *DROP DATABASE,* können wir dieselbige nun wieder löschen.

```
DROP DATABASE MeineDatenbank;
```

Wir können hier sogar mit dem Operator EXISTS abfragen ob eine Datenbank bereits existiert oder nicht.

```
CREATE DATABASE IF NOT EXISTS
MeineDatenbank;
```

In diesem Beispiel erstellen wir die Datenbank nur falls sie noch nicht existiert.

```
DROP DATABASE IF EXISTS MeineDatenbank;
```

Hier wiederum löschen wir die Datenbank nur, falls sie bereits existiert, was auch logisch ist.

Um die erstellte Datenbank nun zu benutzen, müssen wir das *USE* Statement benutzen. Dieses gibt an, dass wir in einer bestimmten Datenbank operieren, da wir ja in verschiedenen Datenbanken idente Tabellen haben könnten und sie somit nicht eindeutig zuordenbar wären.

```
USE MeineDatenbank;
```

Wir müssen also, um mit Tabellen arbeiten zu können, zunächst eine Datenbank erstellen. Um diese erstellen zu können, müssen wir sie vorher entfernen, sollte sie bereits existieren. Anschließend müssen wir in unserem Code angeben, in welcher Datenbank wir arbeiten möchten. Dann können wir mit Tabellen arbeiten, was uns zum nächsten Kapitel führt.

6 – TABELLEN VERWALTEN

TABELLEN ERSTELLEN

Um eine Tabelle zu erstellen, bedienen wir uns anfangs der fast selben Syntax, wie bei den Datenbanken. Diesmal schreiben wir jedoch *CREATE TABLE*. Darauf folgen jedoch runde Klammern, innerhalb welcher wir unsere einzelnen Felder, inklusive Datentypen, definieren.

```
USE MeineDatenbank;

CREATE TABLE Personen (
    svnummer INTEGER,
    vorname VARCHAR(32),
    nachname VARCHAR(32),
    gewicht FLOAT,
    PRIMARY KEY(svnummer)
);
```

Bevor wir die Tabelle hier erstellen, geben wir an, dass wir in der Datenbank *MeineDatenbank* arbeiten möchten. Nachdem wir das gemacht haben, erstellen wir eine Tabell emit dem Namen *Personen*. Innerhalb dieser definieren wir nun verschiedene Felder mit verschiedenen Datentypen. Die Sozialversicherungsnummer ist zum Beispiel ein Integer, das Gewicht ein Float und der Vor- und Nachname ist ein variabler Text mit der Länge 32. Die letzte Zeile in den Klammern, setzt die SV-Nummer als Primary Key. Das bedeutet, dass diese ab jetzt unsere einzelnen Personen eindeutig identifiziert und somit einzigartig sein muss.

Wir können ein Feld jedoch auch manuell einzigartig machen, indem wir das Schlüsselwort *UNIQUE* benutzen.

```
CREATE TABLE Personen (
    svnummer INTEGER,
    vorname VARCHAR(32) UNIQUE,
    nachname VARCHAR(32),
    gewicht FLOAT,
    PRIMARY KEY(svnummer)
);
```

In diesem Beispiel wäre der Vorname eindeutig und somit nie gleich. Das macht natürlich in der Realität keinen Sinn, doch technisch ist das irrelevant. Wir können in dieser Tabelle nicht zwei Nutzer mit demselben Vornamen oder derselben SV-Nummer haben.

Wir können jedoch auch noch andere *Constraints* einfügen. Beispielsweise können wir verbieten, dass ein Feld *NULL* werden kann.

```
CREATE TABLE Personen (
    svnummer INTEGER,
    vorname VARCHAR(32) NOT NULL,
    nachname VARCHAR(32),
    gewicht FLOAT,
    PRIMARY KEY(svnummer)
);
```

In diesem Fall können wir zwar mehrmals denselben Vornamen eingeben, jedoch muss bei jeder Person einer vorhanden sein. Wir können dieses Feld nicht einfach leer lassen. Das ist übrigens auch beim Primary Key immer der Fall.

ZUSAMMENGESETZTE PRIMARY KEYS

Wir können in unserer Tabelle auch mehrere Felder als Primary Key angeben. Das ist dann ein sogenannter zusammengesetzter Primary Key.

```
CREATE TABLE Personen (
    svnummer INTEGER,
    vorname VARCHAR(32),
    nachname VARCHAR(32),
    gewicht FLOAT,
    PRIMARY KEY(vorname, nachname)
);
```

In diesem Fall können unsere Personen denselben Vornamen haben oder den selben Nachnamen, aber niemals denselben Vor- und Nachnamen gleichzeitig. Auch das ist in der Realität nicht sinnvoll, doch es geht hierbei nur um die Veranschaulichung der Konzepte.

TABELLEN LÖSCHEN

Tabellen löschen wir genau nach demselben Schema wie eine Datenbank, nämlich mit dem *DROP* Statement.

```
DROP TABLE IF EXISTS Personen;
```

Damit wäre unsere Personentabelle gelöscht.

TABELLEN LEEREN

Wollen wir nun den Inhalt einer Tabelle leeren, ohne die Tabelle an sich, also die Struktur, zu löschen, so benötigen wir das *TRUNCATE* Statement.

```
TRUNCATE TABLE Personen;
```

In diesem Fall werden alle Personen aus der Tabelle gelöscht, ohne dabei jedoch die Tabelle an sich zu droppen.

TABELLEN VERÄNDERN

Mit dem *ALTER* Statement können wir bereits vorhandene Tabellen verändern. Wir können zum Beispiel folgendermaßen eine neue Spalte einfügen:

```
ALTER TABLE Personen ADD groesse FLOAT;
```

Wir fügen hier eine neue Spalte mit der Größe der Person ein. Der Datentyp dieser Spalte ist FLOAT, also eine Fließkommazahl.

Wir können den Datentyp einer bestehenden Spalte jedoch auch ändern:

```
ALTER TABLE Personen MODIFY groesse
INT;
```

In diesem Beispiel ändern wir den Datentyp, der Spalte *groesse* von FLOAT auf INT.

Weiters können wir auch Constraints hinzufügen und entfernen.

```
ALTER TABLE Personen
ADD CONSTRAINT vornamePK
PRIMARY KEY(vorname);
```

Hier erstellen wir einen Constraint, mit dem Namen *vornamePK,* welcher bewirkt, dass *vorname* nun ein Primary Key ist.

Diesen können wir nun folgendermaßen löschen:

```
ALTER TABLE Personen
DROP CONSTRAINT vornamePK;
```

Nach dem selben Schema können wir nun auch ganze Spalten einfach löschen.

```
ALTER TABLE Personen
DROP COLUMN gewicht;
```

7 – INSERT QUERY

Wenn wir nun eine Datenbank mit Tabellen haben, möchten wir diese auch mit Datensätzen befüllen. Um das zu tun gibt es die sogenannten *INSERT* Statements.

```
INSERT INTO Personen
VALUES(12345, "Max", "Mustermann",
"80");
```

In diesem Beispiel fügen wir eine Person mit den Daten in der Klammer ein. Die Reihenfolge ist dabei dieselbe, wie bei der Erstellung der Datenbank.

Wir können jedoch auch nur bestimmte Felder angeben.

```
INSERT INTO Personen (svnummer,
vorname)
VALUES(777, "Alex");
```

Hier geben wir in der ersten Klammer die Reihenfolge ein und in der zweiten dann die Werte. Die anderen Werte werden einfach auf NULL gesetzt oder bekommen einen Standardwert. Logischerweise müssen wir hier alle Felder angeben, welche NOT NULL als Constraint haben. Darunter fällt auch der Primary Key.

MEHRERE DATENSÄTZE EINFÜGEN

Wollen wir nun mehr als nur einen Datensatz, mit einem INSERT Statement einfügen, so tun wir das folgendermaßen:

```
INSERT INTO Personen (svnummer,
vorname)
VALUES
(1234, "Anton"),
(4453, "Bettina"),
(8891, "Clark"),
(9999, "Dennis");
```

Wir trennen einfach die einzelnen Datensätze mit Kommas. Beim einfügen von Datensätzen müssen wir natürlich stets darauf achten, dass wir alle Constraints berücksichtigen.

8 – SELECT QUERY

Um nun Datensätze aus den vorhandenen Tabellen auszulesen, benötigen wir *SELECT* Statements.

```
SELECT * FROM Personen;
```

In diesem Beispiel benutzen wir das Asterisk Symbol (Sternchen), welches bedeutet, dass wir alle Datensätze aus der Tabelle auslesen möchten. Wir bekommen jede Spalte von allen Personen geliefert. Wenn wir nur einzelne Felder auslesen möchten, so können wir das wie folgt tun:

```
SELECT svnummer, gewicht FROM Personen;
```

Hier bekommen wir nun nur die SV-Nummer und das Gewicht von jeder Person zurück.

WHERE-STATEMENT

Wollen wir nun innerhalb der Personentabelle nach bestimmten Kriterien filtern, so benutzen wir das *WHERE* Statement. Dieses erlaubt uns Bedingungen anzugeben.

```
SELECT * FROM Personen WHERE gewicht >
70;
```

In diesem Fall lassen wir uns sämtliche Informationen über Personen ausgeben, deren Gewicht größer als 70 (kg) ist.

```
SELECT * FROM Personen WHERE vorname =
'Alex';
```

Hier filtern wir uns die Informationen von allen Personen heraus, welche den Vornamen „Alex" haben.

LOGISCHE VERKNÜPFUNGEN

Jetzt können wir auch unsere logischen Operatoren anwenden. Es ist möglich, in der WHERE-Klausel, Bedingungen logisch miteinander zu verknüpfen.

```
SELECT * FROM Personen
WHERE vorname = 'Alex' AND gewicht <
90;
```

Hier bekommen wir alle Informationen über Personen, mit dem Vornamen "Alex" und einem Gewicht unter 90 (kg).

```
SELECT * FROM Personen
WHERE vorname = 'Alex' OR vorname =
'Max';
```

Diese Query liefert uns die Informationen für alle Personen, welche "Alex" oder "Max" mit Vornamen heißen.

SUBSELECTS

Auch wenn dieses Konzept etwas fortgeschrittener ist, so ist es möglich, hier sogenannte *Subselects* zu verwenden. Diese sind SELECT Anweisungen in einer SELECT Anweisung.

```
SELECT * FROM Personen
WHERE gewicht >
(SELECT gewicht FROM Personen
 WHERE svnummer = 199234);
```

Wir wählen hier zunächst die Tabelle Personen aus und möchten alle Informationen haben. In der WHERE-Klausel geben wir als Bedingung ein Gewicht ein, welches höher ist als das Gewicht, welches in der zweiten SELECT-Anweisung ausgewählt wird. Dieses ist das Gewicht, der Person mit der SV-Nummer 199234. Wir sehen hier ein einfaches Beispiel für die Anwendung von Subselects.

9 – Datensätze manipulieren

Wir können in SQL nicht nur einzelne Datensätze auswählen, sondern auch bearbeiten und entfernen.

Update-Statements

Um bereits vorhandene Objekte in einer Tabelle zu bearbeiten bzw. zu verändern, benutzen wir *UPDATE* Statements.

```
UPDATE Personen
SET gewicht = NULL;
```

Mit dieser Query setzen wir das Gewicht von allen Personen auf NULL, also leer. Wir können jedoch auch hier von WHERE-Statements Gebrauch machen.

```
UPDATE Personen
SET gewicht = 150
WHERE vorname = "Arnold"
AND nachname = "Schwarzenegger";
```

Hier setzen wir das Gewicht von Arnold Schwarzenegger auf 150 (kg). Wir können jedoch auch mehrere Werte gleichzeitig ändern.

```
UPDATE Personen
SET nachname = "Muster", gewicht = 80
WHERE svnummer = "912382";
```

Hier verändern wir den Namen und das Gewicht von der Person, welche die SV-Nummer 912382 hat.

Delete-Statement

Um nun bestimmte Datensätze ganz au seiner Tabelle zu entfernen, benötigen wir *DELETE* Statements.

```
DELETE FROM Personen
WHERE vorname = "Herbert";
```

Wir entfernen hier alle Personen mit dem Namen "Herbert".

Prinzipiell funktioniert DELETE genau wie UPDATE, löscht jedoch den ganzen Datensatz aus der Tabelle.

Wir können auch eine unsaubere Alternative zu TRUNCATE implementieren:

```
DELETE FROM Personen;
```

Hiermit löschen wir alle Datensätze aus der Tabelle!

10 – Sortieren und Gruppieren

Wenn wir es mit großen Datenmengen zu tun haben, kann es schnell unübersichtlich werden. Wir haben dann einen riesigen Haufen von Daten, welcher vollkommen unstrukturiert aufgelistet wird. Für genau diesen Fall gibt es Sortierung und Gruppierung in SQL.

ORDER BY-Statement

Mit dem *ORDER BY* Statement können wir unsere SELECT Ausgaben sortieren.

```
SELECT * FROM Personen
ORDER BY vorname;
```

In diesem Fall sortieren wir alle Personen nach dem Vornamen. Standardmäßig sortiert SQL immer aufsteigend. Das heißt, dass bei Texten nach dem Alphabet von A-Z sortiert wird. Wollen wir nun, dass das ganze absteigend sortiert wird, so gibt es dafür das Keyword *DESC*, welches für Descending steht.

```
SELECT * FROM Personen
ORDER BY vorname DESC;
```

Wenn wir diese Query ausführen, bekommen wir alle Daten von allen Personen, absteigend nach dem Vornamen sortiert.

Was in SQL ebenfalls möglich ist, ist nach mehreren Feldern zu sortieren. Wenn wir Personen mit demselben Vornamen haben, sollen diese nach weiteren Kriterien sortiert werden.

```
SELECT * FROM Personen
ORDER BY vorname, nachname, gewicht;
```

Hier wird im Zweifelsfall zusätzlich noch nach Nachname und nach Gewicht sortiert, sollten mehrere Personen denselben Vornamen haben.

GROUP BY-STATEMENT

Das Gruppieren von Datensätzen ist ein sehr interessantes Thema in SQL. Was wir hier im Grunde genommen machen ist, dass wir einfach alle Datensätze, welche denselben Wert in einem bestimmten Feld haben, in einen Topf werfen und die Werte zusammennehmen. Um das zu tun benötigen wir das *GROUP BY* Statement.

```
SELECT vorname, SUM(gewicht) FROM
Personen
GROUP BY vorname;
```

Wir lassen uns hier Vorname und Gewicht von allen Personen ausgeben. Dann teilen wir die Leute in Gruppen auf. Alle Personen mit demselben Vornamen kommen in einen Topf und ihr Gewicht wird zusammengezählt. Für das Summieren benutzen wir hierbei die Funktion *SUM*. Schauen wir uns dazu folgendes Beispiel an:

Personen		
Vorname	(Andere Spalten)	Gewicht
Arnold	...	150
Richard	...	89
Arnold	...	97
Sandra	...	56
Sandra	...	52
Thomas	...	77

Wenn wir die obere Query auf diese Datensätze anwenden, so bekommen wir folgendes Ergebnis:

Vorname	SUM(Gewicht)
Arnold	247
Richard	89
Sandra	108
Thomas	77

Wie wir sehen kommt jeder Name nur noch ein einziges Mal vor und die Gewichte wurden, den Namen entsprechend summiert.

DISTINCT-KEYWORD

Wenn wir bei einer SELECT Anweisung keine redundanten (also doppelten) Ausgaben haben möchten, so können wir das Keyword *DISTINCT* benutzen. Dieses verhindert das.

```
SELECT DISTINCT vorname FROM Personen;
```

Wenn wir diese Query ausführen bekommen wir jeden Vornamen nur einmal ausgegeben. Es können

200 “Alex” existieren, doch wir werden es nur einmal sehen.

```
SELECT DISTINCT vorname, nachname
FROM Personen;
```

Sollten diese “Alex” nun alle einen anderen Nachnamen haben, so werden sie bei dieser Query alle angezeigt. Nur jene Personen, welche den identen Vor- und Nachnamen haben, werden hier zusammengefasst. Das *DISTINCT* bezieht sich also auf das gesamte Statement.

Mit folgender Anweisung bekommen wir nur alle Datensätze ausgegeben, welche nicht komplett ident sind:

```
SELECT DISTINCT * FROM Personen;
```

Dieses Statement macht jedoch wenig Sinn, da durch den Primary Key hier niemals zwei idente Datensätze auftauchen können.

11 – TABELLEN VERBINDEN

Bisher haben wir immer nur mit einer einzigen Tabelle gearbeitet. Für eine sinnvolle und strukturierte Datenbank brauchen wir mehrere Tabellen, welche miteinander in Verbindung stehen. Das könnten zum Beispiel, unsere bereits vorhandene Personentabelle und eine Tabelle mit allen Besitztümern, der einzelnen Personen, sein.

Hier müssen wir uns Fragen, welche Relation wir aufbauen möchten. Es macht nämlich in unserem Modell einen Unterschied, ob wir zulassen möchten, dass ein Gegenstand mehreren Personen gehören kann oder ob eine Person mehrere Gegenstände haben kann oder beides. Der Einfachheit halber legen wir für unser Beispiel fest, dass eine Person mehrere Gegenstände haben, jeder Gegenstand aber nur einer Person gehören kann.

Um das zu bewerkstelligen benötigen wir einen sogenannten *Foreign Key* bzw. einen Fremdschlüssel. Dieser ist dann der Primary Key einer anderen Tabelle. In unserem konkreten Fall wäre das dann bei den Gegenständen, die SV-Nummer des Besitzers.

Personen			
svnummer	vorname	nachname	gewicht

Gegenstaende		
id	bezeichnung	besitzer

Um die Gegenstandstabelle zu erzeugen führen wir folgendes Skript aus:

```
CREATE TABLE Gegenstaende (
      id INTEGER,
    bezeichnung VARCHAR(50),
    besitzer INTEGER,
    PRIMARY KEY(id)
);
```

Hier haben wir noch keinen Fremdschlüssel erzeugt. Wichtig ist jedoch, dass das Feld, welches später der Foreign Key sein soll, denselben Datentyp hat, wie der dazugehörige Primary Key.

Um nun unseren Foreign Key zu setzen, müssen wir ein *ALTER* Statement und das *FOREIGN KEY* Constraint benutzen.

```
ALTER TABLE Gegenstaende
ADD FOREIGN KEY (besitzer)
REFERENCES Personen(svnummer);
```

Wir setzen hier ein Fremdschlüssel Constraint auf das Feld *besitzer*, unserer Gegenstandstabelle. Dieses referenziert dann auf das Feld *svnummer* der Personentabelle. Unsere Tabellen sind nun verbunden.

Das bedeutet, dass wir, sobald wir einen Datensatz in die Gegenstandstabelle einfügen, wir etwas über die Personen aussagen. Zusätzlich heißt das, dass wir nicht einfach wahllos Personen löschen können, falls diese als Besitzer eines Gegenstandes eingetragen sind.

Sollten wir jedoch kurz einen Datensatz löschen wollen und somit Inkonsistenz verursachen, so können wir temporär die CHECKs abschalten.

```
SET FOREIGN_KEY_CHECKS=0;
```

Nachdem wir unsere Arbeit jedoch erledigt haben, sollten wir diese unbedingt wieder aktivieren.

```
SET FOREIGN_KEY_CHECKS=1;
```

Wollen wir ein Foreign Key Constraint komplett entfernen, so müssen wir es droppen. Das geht wie folgt:

```
ALTER TABLE Gegenstaende
DROP FOREIGN KEY;
```

12 – JOINS

In SQL benutzen wir Joins, um Ergebnisse, aus mehreren Tabellen, zu vereinen und auszugeben.

```
SELECT * FROM Personen, Gegenstaende
WHERE Personen.svnummer =
Gegenstaende.besitzer;
```

Mit dieser Abfrage bekommen wir alle Personen mit dazugehörigen Gegenständen ausgegeben. Das Ist-Gleich-Zeichen setzt die beiden Tabellen in Verbindung. Somit bekommen wir bei der SELECT Query die richtigen Datensätze, in derselben Zeile, ausgegeben.

Das ist der simpelste Join, den es in SQL gibt. Es gibt noch viele weitere komplexere Joins. Für dieses Buch werden wir uns mit den drei fundamentalsten auseinandersetzen.

INNER JOIN

Der *Inner Join* ist der am meisten benutzte Join in SQL. Er erzeugt eine Resultatstabelle, indem es beide Tabellen kombiniert. Das bedeutet, dass wir bei einem Inner Join nur jene Datensätze bekommen, welche in beiden Tabellen enthalten sind. Bei uns würde das bedeuten, dass Personen ohne Gegenstände und Gegenstände ohne Besitzer nicht angezeigt werden.

Um einen Inner Join zu machen benutzen wir das Statement *INNER JOIN*.

```
SELECT * FROM Personen
INNER JOIN Gegenstaende
ON Personen.svnummer =
Gegenstaende.besitzer;
```

Wir bekommen durch diese Query alle Personen, welche Gegenstände besitzen und die Information über diese.

LEFT JOIN

Bei einem *Left Join* geben wir alle Datensätze der linken Tabelle aus, auch wenn diese nicht in der rechten vorkommen. Das bedeutet, dass wir zum Beispiel alle Personen ausgeben und die Gegenstände, welche sie besitzen, auch wenn manche Personen gar keine besitzen.

Wir benutzen den Left Join durch das *LEFT JOIN* Statement.

```
SELECT * FROM Personen
LEFT JOIN Gegenstaende
ON Personen.svnummer =
Gegenstaende.besitzer;
```

Hier würden wir alle unsere Personen ausgegeben bekommen, inklusive Gegenstände. Bei manchen Personen werden die Gegenstände auf NULL sein. Sie werden trotzdem ausgegeben.

Right Join

Ein *Right Join* funktioniert genau wie ein Left Join, nur mit dem Unterschied, dass wir diesmal alle Datensätze der rechten Tabelle ausgeben.

Um einen Right Join zu machen, benutzen wir das *RIGHT JOIN* Statement.

```
SELECT * FROM Personen
RIGHT JOIN Gegenstaende
ON Personen.svnummer =
Gegenstaende.besitzer;
```

In diesem Fall werden also alle Gegenstände ausgegeben und, falls vorhanden, die dazugehörigen Besitzer. Selbst wenn wir keine Einträge in der Personentabelle haben, so würden alle Gegenstände aufgelistet werden.

13 – UNIONS

Die *UNION* Klausel dient dazu, die Resultate mehrerer SELECT Queries zu vereinen. Dazu müssen folgende Kriterien erfüllt sein:

- Selbe Anzahl an Spalten
- Selber Datentyp
- Selbe Reihenfolge

Um eine Union zu bilden, benutzen wir das Schlüsselwort *UNION*.

```
SELECT svnummer, vorname, bezeichnung
FROM Personen
LEFT JOIN Gegenstaende
ON Personen.svnummer =
Gegenstaende.besitzer
UNION
SELECT svnummer, vorname, bezeichnung
FROM Personen
RIGHT JOIN Gegenstaende
ON Personen.svnummer =
Gegenstaende.besitzer;
```

In diesem Statement verbinden wir, zum Beispiel, einen Left Join und einen Right Join, in eine einzige Ausgabe. Wir bekommen hier jedoch keine doppelten (redundanten) Ergebnisse.

UNION ALL

Die *UNION ALL* Klausel macht dasselbe wie die Union Klausel, jedoch liefert diese auch redundante Datensätze zurück.

Wir verwenden hierbei das Schlüsselwort *UNION ALL*.

```
SELECT svnummer, vorname, bezeichnung
FROM Personen
LEFT JOIN Gegenstaende
ON Personen.svnummer =
Gegenstaende.besitzer
UNION ALL
SELECT svnummer, vorname, bezeichnung
FROM Personen
RIGHT JOIN Gegenstaende
ON Personen.svnummer =
Gegenstaende.besitzer;
```

Wir haben hier also einen Left Join und einen Right Join kombiniert, inklusive redundanter Datensätze.

INTERSECT

Die *INTERSECT* Klausel sorgt dafür, dass wir von zwei SELECT Statements jene Datensätze bekommen, welche ident sind.

Wir benutzen das Schlüsselwort *INTERSECT.*

```
SELECT svnummer, vorname, bezeichnung
FROM Personen
LEFT JOIN Gegenstaende
ON Personen.svnummer =
Gegenstaende.besitzer
INTERSECT
SELECT svnummer, vorname, bezeichnung
FROM Personen
RIGHT JOIN Gegenstaende
ON Personen.svnummer =
Gegenstaende.besitzer;
```

Hier bekommen wir nun alle Datensätze, welche wir sowohl beim Left Join, als auch beim Right Join als Ergebnis bekommen.

EXCEPT

Zu guter Letzt werfen wir einen Blick auf die *EXCEPT* Klausel. Diese liefert die Ergebnisse der ersten Query zurück, eliminiert dabei jedoch alle Ergebnisse, welche in der zweiten Query ebenfalls vorhanden sind.

Wir benutzen hierbei das Schlüsselwort *EXCEPT.*

```
SELECT svnummer, vorname, bezeichnung
FROM Personen
LEFT JOIN Gegenstaende
ON Personen.svnummer =
Gegenstaende.besitzer
EXCEPT
SELECT svnummer, vorname, bezeichnung
FROM Personen
RIGHT JOIN Gegenstaende
ON Personen.svnummer =
Gegenstaende.besitzer;
```

Wir bekommen hier alle Ergebnisse aus dem Left Join, welche nicht zusätzlich auch noch im Right Join vorkommen.

14 – INDEX

In Datenbanken haben wir, genau wie in Büchern auch, sogenannte Indizes. Man kann sich das so vorstellen, dass wir eine eigene Tabelle haben, in welcher wir schnell nachlesen können, wo wir einen bestimmten Datensatz finden. Somit sorgen wir für schnelleren Zugriff, was sich insbesondere bei großen Datenmengen bemerkbar macht.

Ein Index beschleunigt SELECT und WHERE Statements, verlangsamt jedoch UPDATE und INSERT Statements. Das ist natürlich logisch, da wir bei Ersteren einfach schnell nachsehen können, wo wir etwas finden und bei Letzteren, müssen wir zusätzliche Einträge tätigen.

Um einen simplen Index auf eine Tabelle zu erstellen, verwenden wir das *CREATE INDEX* Statement.

```
CREATE INDEX meinIndex ON Personen;
```

Es gibt jedoch auch andere Indizes.

SINGLE-COLUMN INDEX

Der Single-Column Index indexiert nur eine einzige Spalte. Es ist hierbei in der Regel sinnvoll, eine Spalte zu nehmen, nach welcher oftmals abgefragt wird (Vorname, SV-Nummer...).

```
CREATE INDEX meinIndex
```

```
ON Personen(svnummer);
```

UNIQUE INDEX

Der Unique Index verbietet, dass ein bestimmtes Feld nicht zwei Mal denselben Wert haben darf.

```
CREATE UNIQUE INDEX meinIndex
ON Personen(nachname);
```

Wir haben also hier einen Index auf das Feld *nachname* gesetzt, welches verbietet, dass zwei Mal derselbe Nachname eingefügt wird.

COMPOSITE INDEX

Wir können auch einen sogenannten *Composite Index* auf mehrere Spalten machen.

```
CREATE INDEX meinIndex
ON Personen(vorname, nachname);
```

Dieser Index macht Sinn, falls wir, auf regelmäßiger Basis, mehrere Felder gleichzeitig abfragen.

INDIZES LÖSCHEN

Um Indizes zu entfernen bzw. zu löschen, müssen wir diese einfach droppen.

```
DROP INDEX meinIndex;
```

WIE GEHT ES WEITER?

Wenn Sie die Konzepte in diesem Buch verstanden und die Übungen alle gemacht haben, beherrschen Sie nun grundlegend SQL. Sie haben damit ein solides Fundament für die Weiterbildung im IT-Bereich aufgebaut. Egal ob Sie sich nun mit Programmierung, Künstlichen Intelligenzen, Data Science oder Web Development befassen, Sie werden immer wieder auf Datenbanken stoßen.

Wenn Sie weiter in die Datenbankmaterie eintauchen möchten, so können Sie sich über NoSQL, PL/SQL oder Geoinformationssysteme informieren. Falls Sie jedoch gedenken sich in die Programmierung zu vertiefen, könnten Sie einige weitere interessante Bücher auf meiner Amazon-Autorenseite finden.

Zu guter Letzt hätte ich noch eine kleine Bitte an Sie. Es dauert nur wenige Minuten und kostet Sie keinen einzigen Cent. Falls Ihnen dieses Buch gefallen hat und Sie der Meinung sind, dass Sie etwas gelernt haben, würde ich mich sehr freuen, wenn Sie eine kurze Rezension auf Amazon verfassen könnten. Damit helfen Sie mir und zukünftigen Lesern dabei hochqualitativere Bücher zu schaffen. Ebenso können Sie gerne Kritikpunkte anbringen, sodass diese verbessert werden können.

Ich bedanke mich herzlichst, bei Ihnen fürs Lesen und ich hoffe zu tiefst, dass Sie dieses Buch einen Schritt weiter auf Ihrer Programmierkarriere gebracht hat.

Florian Dedov

Weitere Bücher

Python Programmieren für Anfänger

Der schnelle Einstieg

WEITERE BÜCHER

Java Programmieren Für Anfänger

Der schnelle Einstieg

13913103R00033

Printed in Germany
by Amazon Distribution
GmbH, Leipzig